ドライフラワーで
つくる
リースとスワッグ

インテリアの
アレンジメント

Kristen ◎著

美の探求

植物が花開くのは次の世代へ命をつなぐ時。

一斉に美しく咲き、

その瞬間に人は心を奪われ感動します。

もうひとつの美しい時といえば、実が成る時でしょう。

その実の姿、形は千差万別で、

時には花よりもずっと変化に富んでいます。

そして花や実だけではなく、

葉の一枚一枚や茎一本一本さえも

静けさの中にある独特の美を放っています。

草花は乾燥することで、

縮み、色褪せ、形も曲がりくねったりします。

色や形の変化は、時にその原型からは

想像もつかないほどだったりもします。

深い余韻があり、時の経過とともに独特の美を醸し出します。

自然の草花ですから、

ドライフラワーにした後も時を経るごとに変化は続きます。

これらの変化は決して悪い意味での衰えではなく、

異なる味わいとして現れ、わたしたちを驚かせてくれます。

おととしの冬に吊るしておいたサイプレスとユーカリの葉が、

思いがけなくいい感じのブロンズ色に褪せ、

年を経るごとに味が出ています。

うっかり棚に置きっぱなしだったミヤマシキミは、

果実は元の赤紫から薄い黄色を帯びたピンクブラウンへ、

葉は表も裏も濃淡様々なオリーブ色に変わり、

全体的に柔らかみのある

心地よいアースカラーに仕上がっています。

美は尽きることなく、掘り進めるごとに深い体験ができます。

探究するほどに、ドライフラワーの世界に

魅了されていくのです。

本書では、この1年の間探し集め、蓄積してきた、

数多くの素材や記憶の中のひらめきを用いて、

より多くのナチュラルスタイルの

ドライフラワーの作品をご紹介します。

その喜びを皆さんと分かち合えますように。

Kristen

Contents

美の探求		002
目次		004

Chapter 1
作品を楽しむ

北国の冬	020
野で出会った秋と冬	022
冬の贈り物	024
リスたちの遊園地	026
ドライフラワーのオーナメント	028
深い緑の森 キャンドルスタンドのリース	030
木の実の クリスマスキャンドルスタンド	032
木の実のクリスマスツリー	034
秋を集めたドライフラワーのリース	036
古書と花のスタンド	038
初夏の花まつり	040
森のブーケ	042
おとぎ話のツリーハウス	044

Chapter 2
ドライフラワーの草花

野原を感じる春色の花	048
春色の花材	050
主役になる美しい花	052
個性的な花材	054
ふわふわした質感を持つ花材	056
輸入花材	058
白銀世界を作る花材	060
冬を感じさせる花材	062
欠かせないグリーン素材	064
使い勝手の良いグリーン素材	066
祝い事に使用するグリーン素材	068
秋と冬の美しい実	070
丸みのある実	072
いろいろな形の実	074
美しい色の実	076
線を描く実	078

Chapter 3
手作りの実例

アセビの清楚なリース	082
森の息吹のリース	084
野趣あふれる木の実のフォトフレーム	086
母の日に贈るフラワーボックス	088
ロマンチックな トルコキキョウのフラワーボックス	090
ユーカリの花束のスワッグ	092
クラシックフレンチな アジサイのオーナメント	094
雪国のリース	096
ノーブルモミのクリスマスリース	098
ドライフラワーのランプ	100
秋のドライフラワーのオーナメント	102
踊り子が舞う秋のキャンドルスタンド	104
秋の暖かなキャンドルオーナメント	106
初夏のスワッグ	108
冬の中にみつけた春のスワッグ	110

Chapter 4
基本と道具

花材の乾燥方法　　　　　114

よく使う道具と材料　　　116

基本テクニック　　　　　118

Q&A　乾燥・保存のポイント　121

待ちこがれていた秋。
熟した木の実、その形や姿、いろどり、
ひとつひとつが唯一無二の存在です。

濃いピンク、
薄いピンクに実を染めるのは
秋化粧を身にまとったイタドリ。
小枝を高くかかげれば、
変わりゆく季節の美しさに
人々は立ちどまり見入るでしょう。

平たくなったり、細く長かったり、
まがりくねっていたり、
軽やかに流れるような、柔らかな美しさ。
同じように見えても、それぞれの葉は
形も性質もまるで違います。
葉物の世界はこんなにも人を魅了するのです。

たわわに実ったナンキンハゼの実と、
白く色づけたマツカサを合わせて吊るします。
雪のように真っ白な姿に、
周りの空気さえ引き締まるような冷たさを感じます。

作業場の片隅に、
コケをまとって静かに息をひそめ佇む、名も知らない木。
小さなランタンが弱い光を放ち
壁にうっすらと木の影を映し出す様子は、
優雅で、ひっそりとしていて、そして美しい。

Chapter 1

作品を楽しむ

著書 Kristen が手がけたドライフラワーの作品を紹介します。作品の世界観を楽しみながら、想像の翼を広げましょう。

Appreciation | 作品を楽しむ

020

北国の冬

冬、雪が降ると、
あたり一面が純白の世界になります。
森のリスたちは
大きな木の葉の下にある巣に集まり、
貴重なエサを分け合って暖をとります。
あたたかく、美しい冬景色です。

Appreciation | 作品を楽しむ

野で出会った秋と冬

春と夏よりも、
わたしは秋と冬のほうが好き。

生い茂った枝のあいだの木の実や
様々な落ち葉を探して、
この季節の野を歩くのが好きなのです。
ドングリを探したり、
黄色やオレンジ色、赤褐色の落ち葉の中に
切株いっぱいに生えている
キノコがあったり、
林道に顔を出している
シマサルスベリを見つけたり。
枯れているように見えたのは
いっぱいに実った莢果(きょうか)でした。
荒野の美しさをたたえて優雅に揺れる
一面の白いススキ、
林で見つけた素材たちは
わたしたちを魅力的な自然へといざないます。

| Appreciation | 作品を楽しむ |

冬の贈り物

新しい年を迎える
喜びに満ちた時期にデザインした作品。
寒く冷たい冬に、独特で控えめな
喜びを表現しています。

緑を帯びたクラシックな
アジサイをあしらい、
赤紫、ワインレッド、褪せた黒、
それにシルバーを少し足せば、
彩り豊かになります。

曲がりくねったギンネムの実は
祝日の序曲をはじけるように奏で、
小さい観覧車のようなタカサゴイチビは
クルクル回るような喜びを表現します。
それをラッピングペーパーに包み、
小さな丸い木片には
贈る人へのメッセージを添えます。

リスたちの遊園地

創作活動が面白いのは、
ひらめきがどこへ向かいどこで落ち着くのか、
まったく予想もつかないことです。

作業場の材料の中から
埋もれていた古い木のフレームを掘り出し、
柔らかそうなツタも発見しました。
緑のモスをあしらって、
踊るようにツタをまとわせます。
そこに秋冬の恵みである
木の実をいたる所に散らせば、
大きな古いフレームが
たちまちリスたちの遊園地に変身です。

Appreciation | 作品を楽しむ

ドライフラワーの
オーナメント

濃淡さまざまな緑を組み合わせ、
からし色と鮮やかな赤い色を少しずつ、
ところどころに白を足して、
頭の上高く吊り下げます。

見上げた時にもこの景色を楽しめたほうが
いいに違いないと思いつきました。
小さなランタンを取りつければ、
神秘的な影が映し出されます。
垂れ下がったグリーンが見せる
ゆらゆら揺れる影の美しさのとりこに
なってしまいました。

Appreciation | 作品を楽しむ

深い緑の森
キャンドルスタンドのリース

ワラビの葉にはひとつひとつ隠された秘密があります。
それぞれの葉が独特な美を秘めていて、
ワラビが集まって輪になると、
わたしたちにそれらの物語を伝えてくれます。

柔らかなフィリカがそよ風の中で揺れ、
ヤマゴボウの実がたわわに実っています。
可愛らしいエキノプス、
まだ綿毛が飛んでいない
ふんわりとしたタンポポ。
それぞれがエレガントな魅力を見せています。
そして目を引く鮮やかなオレンジ色のベニバナは
この深い緑の森に
生き生きとした雰囲気を添えます。

Appreciation | 作品を楽しむ

木の実の
クリスマスキャンドル
スタンド

オオアブラギリの林の中をゆっくりと歩いて、
実をひとつずつ拾い集めます。
ころんと丸く先が尖った形で、
握るとずっしりとした重みがあります。

最初に見かけた時には
特に気にかかりませんでしたが、
落ちたばかりで緑だった実が、
数日と経たずに色が変わり、
その真っ黒な色に目を奪われました。

立体のリーススタンドの周囲に
木の実を2層に積み重ね、
ヒムロスギで間を埋めれば、
クリスマスの雰囲気たっぷりの
木の実のキャンドルスタンドの出来上がりです。

オオアブラギリそのものが美しいのはもちろん、
目立たないところでも、ほかの木の実を
引き立てるのが人気の理由でもあります。

木の実の
クリスマス
ツリー

一粒一粒、一個一個、
ゆっくりと積み上げて、
ゆるやかに形を作っていきます。
ドングリ、マツカサ、蒴果(さくか)、
力を合わせて木の形を作っていきます。
最後にぴかぴか光る銀色の木の実を
頂に飾りましょう。

このあたりは少し木の実が少なかったかな、
あのあたりには多く木の実を積みすぎたかな、
でもスノーマンは言います。
「歪んでいても、ねじれていても、
それがまた、いい味になってるよ！」

秋を集めた
ドライフラワーの
リース

ある秋の午後、
バイクで通りがかって
ふと見た原っぱの緑は
あたり一面に実ったギンネムでした。

バイクを停め、
緑の中にわけ入ると、
シロゴチョウが群生しており、
その実が持つ線の美しさに
魅了されたのです。

ああ、これこそが大いなる自然ですね。
1本1本が軽やかに生えている姿に、
いつしか感動的な曲が
頭の中に出来ていました。

Appreciation | 作品を楽しむ

古書と
花のスタンド

古い小説を1冊取り出して、
そこに森の息吹をそそぎます。

そよ風が吹き、
チョウが本の上へ下へと舞いながら、
やがてひらりと、とまりました。

夜になるとほのかな光を放ちます。
静かで美しい夜です。

Appreciation | 作品を楽しむ

初夏の
花まつり

乾燥したトルコキキョウは
紙のような質感があります。
純白は淡い黄色に変わり、
赤紫は落ち着いた雰囲気のワインレッドに、
夢と現実の間を行き来します。

クラスペディアは黄金色を残して
鮮やかに輝き、
翼を開いたイトマキシマモミジの
翼果(よくか)は風が吹くのを待ち、
シダは羽根のような葉をひらめかせ、
初夏の花まつりで
一緒に踊りましょうと誘います。

Appreciation | 作品を楽しむ

森のブーケ

もし、
ピンクでもなく、
柔らかすぎでも優しすぎでもなく、
もう少し大地に近い感じで、
さらにいえば、より野に近く、
そうしたならば、どんなふうになるでしょう？

濃いだいだい色、オレンジ色、真っ白、
はっきりした色彩に、はっきりした形。
でも求めているのはそんなに単純ではなく
むしろその反対で、
大きな球型の淡い褐色を置いて、
彩度をゆるめた印象に。
そこにツタとモスを合わせ、
森の独特な雰囲気を作ります。
そうです、これこそが求めていたものです。

| Appreciation | 作品を楽しむ |

044

おとぎ話の
ツリーハウス

枝を手に取って、すでに心にあった
デザインを作ろうと思ったのですが、
ふと童心がきざして、
ツリーハウスになりました。
小さな世界を作るうちに、
すっかり楽しくなったのです。

人は本来、
子どもの心をずっと持っているのです。
小さなブランコで、口いっぱいに頬張るリス、
ハシゴからこぼれ落ちるドングリや、
どん！　と音を立てて、
真下の花園に落ちるハンモック。
ツリーハウスの裏から見えるところには、
水浴びできる小さな池もあったりして。
創造の意欲は本当に尽きません！

Chapter 2

ドライフラワーの草花

花材選びは作品の印象を左右する重要な工程です。それぞれの花材が与える印象や特徴ごとに、ドライフラワーに適した草花を紹介します。

Dried Flowers | ドライフラワーの草花

野原を感じる春色の花

3月、春風が吹く季節になると花が咲きはじめ、
あたり一面花の香りが立ち込めます。
存在感のある花といえば、バラや、ボタンなどですが、
わたしは野にさりげなく咲く小さな花に、興味をそそられます。
花たちは静かに片隅に身を寄せあって咲き、
近づいてよく見てみると
平凡な中にも、探究する価値のある美しさが隠れているのです。

控えめであまり個性を主張しない花が好きなので、
野に咲く草花が特に好きです。
センニチギクを見るたびにいつも、そよ風の中で揺れる、
一面の白、黄色、ピンク、そして緑……
大地を染める色とりどりの風景が、頭の中に浮かぶのです。
店で見かけると、1〜2束買い求め、原野の風景を家に持ち帰ります。
乾燥させた後のセンニチギクは1/4ほどの大きさになりますが、
素朴さや野生味は更にくっきり表れます。
ホワイトレースフラワーもわたしがとても好きな脇役のひとつ。
広げた大きな傘のようなホワイトレースフラワー、潔白で柔和で、
ロマンチックでいながら優雅で、どんな花材にも合わせやすい花です。

春色の花材

1. **ホワイトレースフラワー**：繊細で手が込んでいて、傘をぱっと広げたようなレース模様は自然体で優しく、どんな花材とも合わせやすい花です。満開になってしまうと花が落ちやすいので、咲きはじめたあたりで乾燥の行程に進むと良いでしょう。

2. **アジサイ**：もっとも人気があり、かつドライフラワーを代表する花材。品種もとても多く、輸入物の地厚の緑のアジサイを乾燥させるとうまく成功します。四季を通じて店頭に並びますが、美しいクラシックな青いアジサイも、乾燥に適しています。

3. **デルフィニウム**：直立の穂状花序で、花は下から上に向かって咲きます。ひとつひとつが軽やかでエレガントな花で、群れになって飛ぶツバメの姿にも似ています。ピンク、青、紫などの色がありますが、深い青色を乾燥させた時の仕上がりは格別です。

4　**センニチギク**：色は数多くありますが、黄色と白の2色は乾燥後の仕上がりがもっとも良いです。自然乾燥をした後にかなり小さくなるため、より一層可愛さが増します。

5　**スターチス**：ピンク、青紫、淡紫、淡黄色など色が豊富で、簡単に乾燥させることができます。乾燥後の色も長持ちし、1年を通じて楽しめるので初心者にも適した花です。

6　**ベニバナ**：オレンジ色から紅色へと変化します。目を引く色だけでなく、形も個性的です。乾燥させると花だけでなく葉もとても良い形になります。初夏から夏にかけて多く見かけますが、1年を通してドライフラワーを買い求めることもできます。

7　**アセビ**：小さな壺形の白い花で、集まり下がって咲く様子が鈴のようでとても愛らしいものです。自然乾燥すると、更に小さくなって可愛さを増します。色は白から黄色に変わりますが、純朴な印象はそのままです。

8　**モルセラ**：元の色は薄い緑色で、カップ状の花ガクはまるで小さなスピーカーのようでとても変わっています。乾燥させると色はエレガントな淡い黄色に変わり、アジサイによく似た質感になります。

9　**ムギワラギク**：オレンジ色とピンク色などがあり、乾燥した後も元の色を保ちます。満開になった後の花や花弁は水分を失うことで反り返るので、つぼみを包む苞が付いたものを選んで一緒に乾燥させると良いでしょう。

10　**クラスペディア**：黄金色に輝く愛らしい球形で、乾燥させても色褪せません。茎も柔らかくならないので、花束、リース、その他どんなアレンジメントに入れてもはっきりと目立ちます。

主役になる美しい花

主役になるほどの花は水分を多く含んでいるため、自然乾燥後の仕上がりが良くないことがあります。黄褐色になってしまったり、形も萎縮したものに変わってしまったりします。それでも、これらメインになる花は作品の色彩を豊かにしてくれるので、時には乾燥剤を使って、花材の湿気を吸わせ、ゆっくり完全乾燥させる方法をとります（p.115 参照）。乾燥後は元のサイズより小さくなり、色も変わりますが、色彩は豊富できれいに仕上がります。多くの花はこの方法で乾燥させることができます。

トルコキキョウやカーネーションは乾燥後の効果が驚くほど良いので、わたしはよく使います。トルコキキョウは品種も色も多く、乾燥後は色に変化があります。ピンクは高貴な赤紫に変わり、紫色は深みのある青色に、そして特にわたしが好きな白色は、純白からエレガントでチャーミングな淡い黄色へと変わります。2色のカーネーションやストライプカーネーションは乾燥させるとコントラストがはっきりし、染めたような美しさになるのが魅力です。乾燥剤を使うことで、魔法のような効果が出ることに驚かされます。

個性的な花材

リューカデンドロン

南アフリカ原産のリューカデンドロンは品種も多く、インカゴールド、サマーサン、トータム、ガルピニ、カーリン、ピサ、ジェイドパール、ブラッシュパールなど、ほとんどの品種の外見がとてもよく似ているので、見分けがつかない人も多いようです。花の販売業者さえ、これらをまとめて「花」と呼んでいますが、実はこれらは花ではなく「木の実」です。

以前ベランダでジェイドパールを自然乾燥していた時に、「トン！」という小さな音が頻繁に聞こえました。最初は外の音だと思っていたのですが、ベランダに近づいてみるとジェイドパールの三角形の黒い種が辺り一面に落ちていました。その時に初めて、ジェイドパールが乾燥すると、苞（ほう）が開き種の雨を降らすことを知りました。このようにリューカデンドロンには、乾燥前と後の変化がとても大きい品種があります。一般的に保存期間が長いため、ドライフラワーの花材としてとても適しています。

リューカデンドロン　ジェイドパール：丸い球形の木の実のようで、白いうぶ毛（トライコーム）が生えています。乾燥すると一層一層が大きく開き、トライコームは更に白くなります。このうぶ毛を見たことがない人はカビが生えたと思ってしまったり、見た目を嫌がることもあります。しかし、じっくり見てみると、花が開いたような深い褐色の実は、キラキラ光る白いうぶ毛を備え、高貴でエレガントな質感がとてもユニークです。

リューカデンドロン　トータム：トータムは乾燥すると実が開き、白いトライコームが露わになります。サイズは他のリューカデンドロンと比べると小さくて可愛らしく、とても使い勝手の良い花材です。しかし香りはお世辞にも褒められたものではありません。数束一緒に乾燥させると、まるで足の臭いのようで、後ずさるほどです。幸い、時間の経過とともに臭いはゆっくりと消えていきます。

リューカデンドロン　サマーサン：新鮮な時は目を引く赤と黄色で、乾燥後は赤は深い褐色に変わり、鮮やかな黄色は色褪せ、淡いカーキ色になります。丸い形にアースカラーが組み合わさって、おっとりとした可愛らしさに変わります。色だけでなく、個性まで変わるのです。

リューカデンドロン　インカゴールド：新鮮なインカゴールドは鮮やかな黄色で、花弁の細長い花苞(かほう)は赤みを帯びていてとても美しいのですが、残念なことにこの品種のドライフラワーでの鮮やかな黄色はめったに見かけることがありません。自然乾燥を経るとインカゴールドの元の鮮やかさはなくなりますが、代わりに、時間をかけて熟成した魅力が備わります。

リューカデンドロン　カーリン：乾燥前は丸い形で、あまり可愛らしいとは言えませんが、乾燥すると、木の実のような苞が1枚ずつ開き、中の実がはじけ、まるで花が咲いたようになります。繊細さが加わり、静かさの中に秘めた美が生まれます。

ふわふわした質感を持つ花材

細い毛やうぶ毛のような毛で覆われた質感の花材は、どんな見た目をしているのでしょう？アースカラーのリューカデンドロンのルブラムは素朴な印象で、軽やかなフィリカは癒しの存在です。淡い色のセルリアフロリダは優しくロマンチックで、スターリンジャーはやんちゃな子ども、カンガルーポーは見た目で人を引きつけ、深い印象を残し……このようにふわふわした質感の花材は、作品の中でそれぞれ異なる個性を発揮します。

リューカデンドロン　ルブラム：リューカデンドロンのルブラムは、乾燥前と後の見た目がまったく変わってしまうので、同じ植物だと想像するのが難しいほどです。はじめは円錐形ですが、乾燥していくとだんだんと開き、頭の方から薄い茶色のふわふわの毛が姿を現し、とても愛らしくなります。

フィリカ：草色のフィリカは愛らしい花材です。1本1本に淡い色の細い毛が生えていて、上に向かって大きく開いています。その様子はまるで、海の中でゆっくり揺れるイソギンチャクです。軽やかに大きく揺れ動いているようで、見ているだけで癒されます。

セルリア　フロリダ：白と淡いピンク色の2色があります。優美な線を持つ花を、繊細で柔らかな花弁が包み込んでいます。質感や色は花嫁衣裳のように優雅でロマンチック。海外では結婚式の際の飾りつけやブーケにもよく使われています。

スターリンジャー：細い枝の上に、うぶ毛に覆われた小さな丸い球がついており、それがスターリンジャーの実です。輸入花材として売られているものは染色されたものが多く、黄色、オレンジ色、紫、赤、青など鮮やかな色が各種あります。

カンガルーポー：細いチューブのような花はうぶ毛に覆われていて、先端が6つに分かれています。見た目がカンガルーの前脚に似ていることから名前が付きました。黄色、緑、赤などの色があり、なかでも、黄色は乾燥しても色が褪せず、長い間鮮やかな色を保ちます。

057

輸入花材

1　ティーツリー：藤色にピンクを帯びた（もしくは若紫色）のティーツリーの元の色は純白で、茎は細長く自然なカーブを描き、柔らかな美しさがあります。草色の葉は針のように尖って魅力的です。

2 ブルニア：新鮮な時は尖った丸い実が密生しており、緑の中にところどころ赤が混ざっている様子はとても可愛らしいものです。乾燥すると実が割れ、小さなトゲがたくさん突き出たようになり、印象深い独特な見た目になります。

3 ムギワラギク：直径1cmほどの小さな花で、目を引く鮮やかな黄色をしています。花弁が蝋のような質感で、空気中の湿気をあまり吸収しないため、質感や色の変化が少なく、何年経っても大きな変化がありません。まさにドライフラワーになるために生まれてきた花といえます。

4 バーゼリア：小さく可愛らしいボール状で、元は草色や緑を帯びた薄茶色ですが、市販されているものの多くは鮮やかな緑や濃い緑に染色されており、本来の色を見ることはほとんどありません。乾燥するともろくなり、少しでもぶつかると実が落ちてしまいます。

5 ローダンセ：花の色は、白、淡いピンク、濃いピンクの3種類あります。光沢のある薄い紙のような質感をもち、乾燥させても花の色も見た目もほとんど変わりません。ただし、もろく壊れやすいので使用する際は取扱いに注意が必要です。

6 エリンジウム：クールな青紫色は人を魅了します。乾燥させると淡い紫に退色してしまいますが、針のように尖ったボール状の花は独特で個性のある美しさを保ち、それだけでも目を引きます。

7 アストランティア　マヨール：よく見かけるのは、桜色、濃いピンク、淡い紫、深紫などがあります。花自体は小さく目立たず、鑑賞されているのは花苞の色です。淡い紫のアストランティア　マヨールは、乾燥すると縞模様がはっきりします。また、染色したものも綺麗です。

8 ミヤマシキミ：赤い実が長い茎の上に密集しており、小さく繊細な印象です。乾燥すると実は真紅に変わり、時の経過とともに徐々にピンクを帯びた薄い黄色へと変化します。長い楕円の葉の表は濃い緑色、裏は薄い黄緑色で、乾燥した後もこの2色のコントラストは変わらずに、オリーブ色へと変化します。

059

白銀世界を作る花材

暖かい地方に住んでいるからかもしれませんが、雪には大きな憧れを抱いていて、特に冬になると美しい雪をひと目見てみたいという思いにかられます。想像上の雪もいつも美しいのですが、実際に雪の中を歩き回った時に、天から舞い降りる雪が髪やまつ毛にふんわりとかかったりしたことは、本当にロマンチックで忘れられない思い出です。寒い季節が近づいてくると、その時のことを思い出します。

淡い銀色、薄いねずみ色の花材は北国の雪景色を作るのに欠かせません。もっとも王道なのは、厚みのある柔らかな葉をシルバーホワイトのうぶ毛が覆っているシルバーサワギク、雪の中の小さなモミの木のようなコチア・ダイヤモンドダストです。他にも、コットン、シルバーブルニア、ナンキンハゼ、シルバーデージーなど、それぞれ異なる個性を持っています。これ以外にも、白い粉を吹いたようなチランジアやサルオガセなども素晴らしい花材です。

冬を感じさせる花材

1 **コットン**：ふわふわと柔らかいコットンは、熟した実が割れて開くと姿を現します。真っ白で控えめなエレガントさを持つので、多くの人が好んで使用する花材のひとつです。

2 **オーストラリアンデイジー**：小さく繊細な花が枝の先に密集して咲いています。エレガントな中にも野生の息づかいを残しており、多くの人が愛してやみません。

3 **ライスフラワー**：茎の上に雪を散らしたかのようなライスフラワーは、香り高く、乾燥後もピュアな白さを保ちます。とても壊れやすい花材なので、使用する際は十分な注意が必要です。

4 **シルバーブルニア**：特別な質感を持つシルバーブルニアは、その高貴で優美な姿から多くの人をとりこにしています。フラワーアレンジメントによく使われる花材で、特に結婚式のアレンジに使われます。ブートニア、ブーケなどの作品にあしらうと、とても目を引きます。

5 **ダスティミラー**：シルバーホワイトの葉は一面うぶ毛で覆われていて、冬のアレンジやクリスマスのアレンジにとても適しています。

6 **シルバーサワギク**：多年生の植物で、鉢植えで売られています。株全体を白いうぶ毛が覆っており、大きく隙間のある葉は雪の結晶に似ていて、とても美しい形です。

7 **センニチコウ**：蝋のような光沢があり、白、ピンク、紫など豊富な色があります。清楚でエレガントな白いセンニチコウはクールな印象の作品に可愛さを添えてくれます。

8 **コチア・ダイヤモンドダスト**：全体に白い粉をまとっているコチア・ダイヤモンドダストは、まるで小さな針葉樹のようです。小さく細かな雪のような花は、本当に雪を降らせたかのような錯覚に陥ります。

9 **ナンキンハゼ**：ふっくらとした実は真っ白でとても可愛く、色の濃い枝の線も美しいため、花瓶に挿すだけでもその美しさを楽しむことができます。

10 **シルバーデージー**：蝋のような質感を持つ純白の花弁は、星のようにまばゆいほどの光沢感があります。茎や葉もうぶ毛に覆われており、茎から花まで全体がシルバーホワイト一色で、特別な存在感があります。

11 **エキノプス**：可愛らしい球状の花は乾燥後に淡い灰色と薄紫になり、素朴なエレガントさを感じます。茎と葉の形に特徴があり、茎と葉の裏側は美しいシルバーホワイトです。

欠かせないグリーン素材

葉はほとんどの場合脇役ですが、欠かすことのできない重要な役割を担っています。少し気に留めて見てみるだけで、葉の世界もとても興味深いことがわかります。黄緑、青緑、深緑、炭のような緑など、濃淡のグラデーションが豊富で、葉や枝の形も千差万別、花と比べてもまったく遜色がありません。細く長い羽のようなシダは、曲がりくねったり真っ直ぐだったりする線で美しさを醸し出し、ツル植物のキヅタは軽やかにリズムを奏でます。鹿の角に似ているヒカゲノカズラは、多く使用することで厚みとインパクトのある見た目になります。一般的な葉の素材以外にも、コケやツルは作品に野趣あふれる雰囲気を添え、新たなアイデアや創造力を盛り込んだ、豊かな表現を生み出してくれます。

使い勝手の良いグリーン素材

1 **葉の小さなカバノキ**：乾燥後に茶色がかった緑色になります。元の色よりもずっと魅力的で、長い枝葉は線を演出するのにもっとも優れた素材といえます。

2 **ルスカス**：長期間、濃い緑色を保ち、やがてオリーブグリーンへと変わり、淡い草緑色を経て1〜2年後に稲穂のような淡い黄色へと変化します。どの段階もとても美しく、乾燥しても柔らかな質感を保っている数少ない素材のひとつです。

3 **ヒカゲノカズラ**：ヒカゲノカズラの小枝は鹿の角の形によく似ています。新鮮な時は若葉のような緑色で、乾燥すると緑色は徐々に黄色になります。ベースに敷きつめたり花材の間を埋めたりするのに適しています。

4 **ゼンマイ**：くるりと巻きあがった若い葉と直線的な茎が、とても強い印象の線となり、装飾的な美しさを作りだします。乾燥すると真っ黒に変色し、視覚的効果はより強烈になります。

5　ハラン：先が針のようにとがった長い楕円形の葉の表面は、艶やかに光る緑色です。緑の葉の間には黄色と白の筋が入り、1枚として同じ模様がないので、作品の色合いを豊かにしてくれます。

6　シダ：野外でよく見かけるシダ植物で、柔らかな葉は乾燥すると自然に曲がりくねり、立体感が増します。葉の形は原形を保つので、大型の作品を作るのに適しています。

7　ユーカリの葉：品種がとても多く、形も丸から長細いものまであります。色も表面に白い粉を吹いているものもあれば、灰色がかった美しい緑色もあります。どの品種も独特の良い香りがして、グリーン素材の中でもっとも癒しの素材といえるでしょう。

8　レザーファン：フラワーアレンジメントによく使われる素材ですが、ドライフラワーのオーナメントに使用する人はあまりいません。乾燥すると葉が閉じるように縮むため、指の腹を使って、葉脈の真ん中を外側に向かって少し押し、葉の表と裏側の両方の色を出します。

9　キヅタ：手のひらのような形の葉で、乾燥すると1枚ずつ異なる方向にゆるくカールし、美しい姿になります。品種がとても多く、斑が入っている品種はドライにすることで様々な効果をもたらします。

祝い事に使用するグリーン素材

1 **ゴヨウマツ**：ゴヨウマツは枝の形が美しく、よく切り花として使われます。正月のフラワーアレンジメントには欠かせません。完全に乾燥すると触れただけで葉が落ちるので、新鮮なうちに使うのが良いでしょう。

2 **ウーリーブッシュ**：灰色がかった緑のウーリーブッシュは、心地よいアースカラーの色調で、針状の細葉は乾燥後もある程度柔らかな質感を保ちます。そのため、ドライフラワーの葉材として好んで使われます。

3 **ヒムロスギ**：年間を通して手に入ります。フラワーデザインで空間を埋めるためによく使われる葉材で、家の中に自然の森のような、雰囲気たっぷりの緑の香りが漂います。

4 **コノテガシワ**：1年を通じて緑色のコノテガシワの葉は、太陽の下では黄金色になります。自然乾燥することで、緑色の葉は全体が黄金へと変わり、新鮮な時よりも豊かで美しい色になります。

5 **ノーブルモミ**：ノーブルモミは青々とした針状の葉がなだらかなカーブを描き、ヒムロスギよりも更にすがすがしいフレッシュな香りがします。クリスマスの飾りに欠かせない素材です。

秋と冬の美しい実

秋風が吹く頃になると、にわかに山の木々がにぎやかになります。緑の濃淡から、黄金色が多くなり、鮮やかなオレンジ色やだいだい色へと、豊かな色彩になります。わたしがとても楽しみにしているのは、この色彩豊かな中に隠れている無限の命です。
この時期に花市へ行くと、いいようのない興奮を感じてしまいます。
ゲットウの実が真っ赤に熟して重たそうに下がっていたり、艶めいて光るムラサキシキブの小さな葡萄のような房が垂れ下がっていたり、ターコイズブルーに身を染めたホルトノキが想像もできないほど美しかったりするからです。

カラフルな実をじっくり鑑賞していたら、
うっかり近づきすぎて
熟したヤマゴボウに触れてしまい、
体のあちこちが赤紫に染まってしまいました！
人々を夢中にさせるこの季節は、
美しいものが本当に多すぎて、
愛さずにはいられません。

丸みのある実

丸くて可愛いフウセントウワタ、ホオズキ、フウセンカズラなどは
ガクの部分が発達して袋状になっています。
ふっくらとした形は空気をいっぱいに満たした気球のようで、
ひと目でその魅力の虜になってしまいます。
ボールのような実は人々に好かれ、
吊るして飾っておくだけでも、目を楽しませてくれます。
空洞になっている球体には熱を持たない電球を入れることもでき、
より温かみのある雰囲気のフラワーデザインを
作ることができます。

フウセントウワタ：全体を柔らかなトゲが覆うフウセントウワタは、空気をいっぱいにして膨らんだフグのようで、とても可愛らしいものです。熟した実は裂けて開き、細長い白い絹のようなうぶ毛をまとった種が露わになり、軽やかで柔らかそうな姿が人を引きつけます。少しでも触れると中の種が飛び散ってしまうので、長く楽しみたければ、遠くから眺めるだけにしましょう。

フウセンカズラ：指で軽く押しただけでしぼんでしまうフウセンカズラは、とてもか弱い印象ですが、実はとてもたくましい植物です。ひげのような細いツタがほかの植物に絡みつき、荒野に息づいています。その実が垂れ下がる様子は、まるで風に揺れる小さな灯りのようです。長い枝を選んで丸く形作れば、ナチュラルスタイルのオーナメントが出来上がります。

ホオズキ：夏の盛りに熟し始め、緑色からだいだい色に変化し、熟すと火のような赤へと変わります。秋の収穫の喜びや祝日のにぎやかな雰囲気を表す、特別な日の飾りつけに欠かせない花材のひとつです。緑色のホオズキはドライフラワーにすると黄色、オレンジ色、赤へと変わるので、購入する時には緑と赤の実が両方付いた枝を選ぶようにすると、乾燥後の彩りが豊かになります。

ニゲラ：赤茶色の縞模様が入った、見た目が際立つボール状の蒴果（さくか）です。ユニークなのは色だけでなく、気球のように膨らんだ袋状の先にとがった細長い触角を持ち、細い線状の葉で覆われているところです。見た目は独特ですが、ほかの花材に合わせやすく使いやすい花材です。

073

いろいろな形の実

1 **ギンネム**：柔らかな豆のような莢は乾燥すると曲がりくねり、天然の曲線が作品に独特なデザイン性を与えます。熟すと裂けて、中の薄茶色と外の深い褐色の2色がとても美しいコントラストになります。

2 **オナモミ**：痩せた楕円形の実は一面にトゲがあり、とても変わった姿です。一見近寄りがたいのですが、長く伸びる線を強調したい時に適した花材です。

3 **ノボタン**：深い褐色の実が多い中、ノボタンの蒴果は珍しく薄茶色です。全体は細く柔らかな毛に覆われており、平たい形の実が可愛らしいのはもちろんのこと、葉にも特徴があります。

4 **イイギリ**：新鮮な時は鮮やかな赤色で、サンキライとよく間違えられます。乾燥するとやや縮み、色は深いワインレッドへと変わり、控えめなフレンチエレガントをたずさえた奥深い美しさを見せます。

5 **ハス**：ドライフラワーのデザインにおいて、黒褐色のハスは中心的な花材になる機会が多いです。茎や枝がそれぞれ違う角度や方向を向き、柔らかで美しい線となっています。

6 **マツカサ**：マツカサの品種はとても多く、よく見かけるのはスラッシュマツ、エゾマツ、ミニサイズのラクウショウなどで、何年も状態が変わらないため、使い勝手の良い素材です。

7 **ヤマゴボウ**：緑や紫の平たいボール状の実が花軸の上につき、ドライフラワーの花材の中では珍しい自然な曲線です。実が付いていない花軸もとても扱いやすいので捨てずに使うと良いでしょう。

8 **ドングリ**：殻の付いている木の実で、帽子をかぶったような姿がとても愛らしいです。ゾウムシの幼虫のエサにもなるので、拾う時にはよく確かめて、家に虫の卵を持ち帰らないようにしてください。

9 **ホルトノキ**：熟すと緑を帯びた青になり、その美しさは1度見たら忘れられないほどです。自然乾燥すると縮みますが、色は更に深くなり味わいのある藍色になります。

10 **レモンユーカリ**：爪のような形で特徴のある実は、レモンユーカリが熟す前の蒴果です。夏の終わりになると見かけます。

11 **シャリンバイ**：熟すと青緑から赤に変わり、そして徐々に黒っぽい紫へと変化します。色、サイズ、形は小さなブルーベリーによく似ていてとても可愛いです。

12 **ムラサキシキブ**：新鮮な時は鮮やかな紫色で、美しい光沢が見られます。乾燥すると徐々に紫色を帯びた濃い赤色に変化します。

075

美しい色の実

1 **トウモロコシ**：鑑賞用のトウモロコシは小さく、色は多様です。赤、紫、黄色などが1本のコーンの中に混ざり、秋の日のカラフルな様子を表現します。

2 **サンキライ**：冬になると実が緑から赤に変わり、乾燥すると緋色になり、しばらくきれいな色が続きます。クリスマスや旧暦の正月には欠かせない花材で、お祝いの雰囲気を表現する際に使われる、代表的な素材です。

3 **センダンの実**：熟すと美しい黄色になります。熟す前の青い実は乾燥すると縮みますが、熟しすぎると腐りやすいので、9割がた熟した時に乾燥させることで、もっとも良い効果が得られます。

4 **ゲットウ**：よく見かける野の植物です。まだ熟していない青緑色の実を乾燥させるとオレンジ色に変わりますが、実は裂けません。成熟しただいだい色の実は、乾燥すると実が裂けて中の種が露わになります。それぞれ違った効果が得られます。

5 **イタドリ**：ピンクと濃い桃色が層になっているイタドリはゴージャスでカラフルです。密集して咲いている様子は、花ではなく実と間違えられることもあります。自然乾燥の時間を長くすることで、だんだんと淡いオレンジ色に変わり、秋の雰囲気が増していきます。

6 **ツルウメモドキ**：ツル状の枝になっている球状の緑色の実が裂けて、中からオレンジ色の内皮とだいだい色の種が露わになります。緑、黄色、オレンジ色の組み合わせがとても美しく、秋の素材としてとても人気があります。

線を描く実

1&2 エノコログサとオオアワガエリ：ふわふわの毛が可愛いイヌの尻尾のように見えます。他の花材にない軽やかさを備えているので、躍動感のある線を作りだすことができます。エノコログサの品種はとても多く、2は姿、葉の形が細長く、野山や川辺の草地でよく見かけます。作品に自然の清楚さを添えてくれます。

3 ラグラス：原色のまま、もしくは漂白処理したものがあり、それぞれ違った効果があります。白は清楚で愛らしく、ロマンチックで幻想的な印象もあり、とても使いやすい花材です。

4 ムギの穂：秋の収穫の喜びを表す代表的な花材です。市販のムギの穂は白、緑、黄色、茶色などに染色されていますが、本来の自然な色がもっとも人気があります。

5 **モロコシ**：新鮮なモロコシは、茎が草緑色で、花穂(かすい)は大きく開いています。乾燥させると縮み、全体が美しい黄金色に変わり、素朴な自然の味わいが出ます。

6 **パンパスグラス**：白色で細長い花穂は柔らかでエレガントさを感じさせます。秋の静かな野の息づかいを表す以外にも、寒い冬の冷たい雰囲気を表すこともできます。

7 **ソルガム**：この種のモロコシは花穂が流れるように細長く、ふっくらと実った実が垂れ下がって、自然に開きます。乾燥すると稲穂のように美しい黄金色になります。

8 **トキワススキ**：秋のはじめ、トキワススキの花穂が次々に赤紫から灰色がかった白へと変わり、太陽のもとで光り輝く様子は、秋冬の野原での代表的な景色です。室内で大型の飾りを作る際にとても役立つ花材です。

9 **アワ**：円錐形の花序(かじょ)は穂が実ると頭が垂れ下がります。乾燥すると緑から黄色へ変わり、豊作と収穫の喜びを表します。

Chapter 3

手作りの実例

今すぐ作りたくなるアレンジメントを 15 レシピご紹介。リースやランプ、スワッグなど、インテリアや贈り物にぴったりです。

アセビの清楚なリース

小さく繊細なアセビの花、集まって佇んでいるさまは新人のようなみずみずしさがあります。小さなベルのような花は乾燥させると純白から淡い黄色に変わり、葉もオリーブグリーンに変わっていきます。アセビの花と葉をリースの周りに丸く置き、そして白いローダンセとラグラスを添えれば、素朴でかわいいミニリースの出来上がり。春の初めから冬の終わりまで楽しめます。

[材料]

アセビ	適量
ローダンセ	8〜10本
ラグラス	12本
スパニッシュモス	少量
ブドウのツルのリース（直径12cm）	1個

1
ブドウのツルで作ったリースにスパニッシュモスを薄く貼る。アセビの葉を1枚ずつ時計回りか反時計回りに斜めに挿し、リース全体を覆うように貼る。

2
アセビを1本取り、長さを調整してから、葉と葉の間に固定する。

3
同じ方法でローダンセとラグラスを挿して固定する。

Demonstration | 手作りの実例

森の息吹のリース

リースにモスグリーンのモスをまとわせましょう。深い青みのあるホルトノキが緑の中から顔を出し、エノコログサが麦わらの尻尾を振り、小さなエキノプスや軽やかなライスフラワーが、この小さな森に生き生きとした表情を添えます。そよ風が吹くとエノコログサの長い葉が揺れ、森の息吹を運んできます。

[材料]

ホルトノキ（実と葉）	適量	エノコログサ（葉）	約8〜10枚
ライスフラワー	適量	モス	適量
エキノプス（小さめのもの）	約10本	リース（直径約15cm）	1個
エノコログサ（穂状の実）	約4〜5本	細いツル	1本

1
土台のリースの上にモスを薄く貼る。細いツルをリースに巻きつけ自然な見た目になるように這わせる。

2
ホルトノキの葉は1枚ずつ外しておく。リースの中心を定め、その両側にホルトノキの葉をバランスよく斜めに挿して固定していく。グルーで固定する前に葉の間隔のバランスを調整する。

3
エキノプスとエノコログサを挿していく。エノコログサは長すぎるようなら1/2から1/3の長さに切って使う。切る時は、ハサミを穂の中に差し込むようにして斜めに切ると自然に見える。

4
明るい色を足したい場所にライスフラワーを貼る。最後にエノコログサの葉を足して、全体に動きを作る。

Demonstration | 手作りの実例

野趣あふれる木の実のフォトフレーム

秋が木々の枝を染める頃、ツルを片手に散歩するには絶好の季節です。流れ星のようなタイワンフウ、リスが大好きなドングリ、オレンジ色に熟したゲットウの実など、鑑賞しながら拾い集めます。こうして持ち帰った大自然の贈り物を使って、秋を感じるフォトフレームを作りましょう！

【 材料 】　木の実各種 （ドングリ、タイワンフウ、クルミなど）　適量
　　　　　　新鮮なフジの細いツル　　1～2本
　　　　　　モス　　　　　　　　　　適量
　　　　　　フォトフレーム　　　　　1個
　　　　　　リスの飾り　　　　　　　1～3個

1
フォトフレームのガラス板と台紙を外し、正面、外側、内側に薄くモスを貼る。

2
ツルの曲がりくねった形を利用してフォトフレームに固定し、自然な線の動きを作る。グルーが少なすぎると乾燥した際に縮んで動いてしまうが、多すぎても見た目が美しくないので注意する。

3
大きめの木の実を固定し、同時にリスを置く位置を考えて仮どめしておく。

4
小さな木の実も配置する。モスが見えるよう空間を残すようにすると、野趣のある仕上がりになる。最後にリスを固定する。

Demonstration 手作りの実例

母の日に贈るフラワーボックス

5月は感謝に満ちあふれる月、あたたかなお祝いムードに包まれる季節。母への愛を象徴するカーネーションを使います。美しく、そして簡単に作れるフラワーボックスで、心からの感謝をささげましょう。

【 材料 】

カーネーション（ふちに紫が入ったピンク色）	4本	シャリンバイ	適量
カーネーション（ふちに白が入った赤色）	6〜7本	ハラン（大）	2枚
トルコキキョウ（白）	3本	スパニッシュモス	適量
ホワイトレースフラワー	3〜5本	ハート形にしたフローラルフォーム（13.5cm幅）	1個
ラグラス	10本		
ライスフラワー	適量	飾り用リボン	1個

1
カーネーションとトルコキキョウは花のところからワイヤーを挿して長さを足す。ラグラスはフローラテープを使って小さな束を作り、ほかの花材も必要に応じて強度を足し、花材は全て長さをそろえておく（作り方は p.119 ～）。

2
ハート形のフローラルフォームの側面にハランを広げ、U字に曲げたワイヤーを挿してフローラルフォームに固定する。葉物は乾燥すると裂けやすくなるので、新鮮なものを使用する。

3
フローラルフォームの内側のふちに沿ってモスを広げ、同様にU字のワイヤーを挿してフローラルフォームに固定する。

4
ラグラスをフローラルフォームの左上に挿し、カーネーションはフローラルフォームの右側 2/3 に集める。サイズ、色の異なるカーネーションを使うことで濃淡の効果を生みだす。

5
左上の空いているスペースに、トルコキキョウを挿していく。トルコキキョウの周りをホワイトレースフラワーで埋める。

6
カーネーションの周囲はシャリンバイ、ライスフラワーで埋め、最後に飾り用のリボンを挿したら出来上がり。

Demonstration | 手作りの実例

ロマンチックなトルコキキョウの
フラワーボックス

特別な日に恋人や友人に贈る手作りのフラワーギフトは、高価なプレゼントにも勝るでしょう。美しくてロマンチックなピンクのトルコキキョウを主役に、鮮やかな黄色のクラスペディアと純白のホワイトレースフラワーを脇役に添えたフラワーボックスは、とても印象に残るプレゼントになること間違いなしです。

[材料]

ピンクのトルコキキョウ	5本	ヤマゴボウ	適量
クラスペディア	5～6本	モス	適量
ホワイトレースフラワー	適量	円形のボックス（直径約12cm）	1個
ラグラス	10～12本枝	円形にしたフローラルフォーム	
シダ	適量	（直径約12cm）	1個

1
トルコキキョウは花の付け根にワイヤーを挿して長さを足す（作り方はp.120）。ラグラスとクラスペディアはフローラテープを使って補強し（p.119）、全ての花材を必要な長さに切りそろえておく。

2
円形の箱にフローラルフォームを詰め、フローラルフォームの高さが箱から2cm出るように調整する。フローラルフォームの側面と表面にモスを広げ、U字に曲げたワイヤーを挿して固定する。

3
番手#20のワイヤーを、15cmの長さに3本取りしてL字型に曲げ、テープで箱の蓋の裏に等間隔で貼りつける。フローラテープを使ってワイヤーの端までしっかりと巻く。

4
箱の蓋が斜めになるようにワイヤーをフローラルフォームに挿す。この時、片側は4.5cmほどフローラルフォームが出るように、反対側は蓋を1cmほどはみ出すようにする。

5
最初にトルコキキョウの位置を決め、それからクラスペディアを使って色味を足す。

6
シダ、ホワイトレースフラワー、ラグラスで隙間を埋めて、最後にヤマゴボウを挿して流れと線を作る。

―――
ユーカリの花束のスワッグ

空気中に漂うユーカリの葉の香りは、誰もがリラックスできる自然の香りです。そこにあるだけで目も鼻も満足させてくれます。シンプルなスワッグにして、セージグリーン、銀白色、それに雪のような白色を加えれば、ピュアでクールな雰囲気に誰もが魅了されます。

【 材料 】

ユーカリの葉　小2〜3束	マツカサ（小）　5個
ハラン（小）　7〜8枚	エノコログサ　12〜15本
ナンキンハゼ　小1束	麻ひも　適量

1
マツカサは先に白い塗料で雪が付いたようにペイントし、ワイヤーを巻きつけて長さを足す（作り方はp.120）。

2
ユーカリの葉を束にして、マツカサを挿し、ワイヤーでしっかりまとめる。ワイヤーの下からはみ出た葉は全て取り除く。

3
エノコログサも小さな束にしてフローラテープで固定しておく。ユーカリの葉とエノコログサを合わせて1束にまとめる。ナンキンハゼも足す。

4
下部と側面にハランを足して、最後に麻ひもを巻きつける。

Demonstration | 手作りの実例

—— クラシックフレンチな
アジサイの
オーナメント

サンキライの実がまだ赤く熟さず黄色い実をつけはじめ、冬の到来にはもう少し時間がある頃。ツルを気の向くままに曲げて、サンキライの黄色い実をその上に這わせ、青いアジサイの小さな花をいくつか付けて、紫色の中に赤みを帯びたムラサキシキブを添えます。そこにヴィンテージ感のある紙で作ったチョウを飛ばせば、クラシックフレンチテイストの出来上がりです。

【材料】

アジサイ	半輪	紙で作ったチョウ	3個
サンキライ（黄緑色）	1本	新鮮なフジのツル	3〜5本
ムラサキシキブ	適量		

1
厚紙の両面に古いペーパーバックのページを貼り、乾燥させる。大小異なるチョウの形に切り抜き、中心に軽い切り込みを入れて蝶を折り曲げ、縁をライターの火で軽くあぶってヴィンテージ感を出す。

2
ツルは太くて固い部分を切り落とし、枝を曲げながら8の字に近い形にして、ワイヤーでしっかりと固定する。

3
サンキライの枝は細く柔らかい部分を使う。小枝に分け、ツルの上に纏わせて、ワイヤーでしっかりと固定する。

4
アジサイを、大小異なるサイズの小枝に分け、グルーでツルの上に固定する。

5
ところどころムラサキシキブで色を足して、チョウを固定したら出来上がり。

Demonstration | 手作りの実例

雪国のリース

雪、特に雪が舞う瞬間はいつも言葉で表すことができないほどの愛情を感じます。毎年冬が来ると、花市場にはシルバーサワギクやコチア・ダイヤモンドダストが出回りはじめ、カナダの大雪が降る暮らしの情景が思い浮かびます。寒い冬の季節に雪国を思い出して手作りしては、心の思いをひと通り満足させているのです。

[材料]

シルバーサワギク　小1束	ナンキンハゼ　適量
コチア・ダイヤモンドダスト　1〜2本	イイギリ　適量
ジェイドパール　9〜10本	ラグラス　適量
シルバーデージー　5本	新鮮なフジのツル　2〜3本
トータム　6本	つながっているモス　適量

1
ツルを2〜3本交互に巻き付けてリースにする（作り方はp.118）。きつく巻きすぎないよう、ある程度自然な線の流れを残すようにする。

2
空間を多く残すことによってツルが持つ本来の美しさを表現する作品だが、リースには高低差があまりないほうが作業しやすい。

3
最初にこれから置く花材の位置を三日月の形になるよう思い描き、シルバーサワギクやコチア・ダイヤモンドダストを両端から中心に向かって斜めに挿して固定していく。

4
葉物と葉物の間は密になりすぎないようにし、花材を固定する空間を空けておく。三日月の形が完成したら、次のステップに進む。

5
ジェイドパールとトータムは、中心から遠くなるほど角度を付けて斜めに挿す。三日月の反対側も、高さの異なる位置にジェイドパールとトータムで装飾する。

6
シルバーデージー、ナンキンハゼ、ラグラス、イイギリなどの花材も加え、目で見て足りない場所にシルバーサワギクとコチア・ダイヤモンドダストを少量足す。

7
細くつながっているモスを取り、斜めに挿して固定し、作品に線の流れを足す。落ちたモスもリースに貼りつけ、苔むしたフジの枝のように見せる。

Demonstration | 手作りの実例

ノーブルモミのクリスマスリース

マツとマツヤニの清楚な香りが森をまるごと運んできました。夢中にならずにはいられません！ ジングルベルが鳴り響く季節、ノーブルモミを持ち帰り、一枝一枝切り分け、一枝一枝縛れば、両手が独特の香りで満たされ、にぎやかで楽しい時間がやってきます。

【 材料 】

ノーブルモミ	大きい枝1〜2本	ナンキンハゼ	小1束
シダ	適量	サンキライ	1〜2本
マツカサ（大）	1個	エキノプス	約15本
エゾマツの実	10〜12個	木の枝	適量
ハンノキの実	8〜10個	フジのリース（直径25cm）	1個
コットン	2個	短く切った丸い木の枝	1個

1
マツカサ、エゾマツとハンノキの実は白い塗料でペイントし、雪が付いたような効果を出す。短く切った丸い木の枝を、マツカサ（大）と接着してマツカサの木を作っておく。

2
ノーブルモミを3〜4段をひとつの単位としてひとかたまりごとに切り分ける。フジのリースの上に覆いかぶせるように銅線で巻きつけて、リース全体をモミの葉で埋める。

3
シダと木の枝を加える。木の枝は左下の1〜2本をあえて少し長めに伸ばしておくと、視覚的に伸びやかな効果がある。

4
モミの葉の方向に沿って、左右たがい違いにエゾマツの実を接着する。

5
マツカサの木を、左下側の木の枝に固定する。固定しにくい場合は、底に太く短い枝を足して固定する。

6
ナンキンハゼ、サンキライ、エキノプスの順番で加える。作品に色のバラエティを足すことで祝祭の雰囲気を表現する。

7
左下の木の枝にポイントとしてコットンとハンノキの実を適量貼る。最後に右斜め上にリボンを付ける。

099

ドライフラワーのランプ

アンティークのランプを写真で見た時に、シンプルで美しい線の虜になってしまい、いつかアンティークの鉄ワイヤーでできたランプが欲しいと思うようになりました。でも、アンティークのものは巡り合わせもあるので、その縁が来るまでの間、先にアルミのワイヤーと簡単なドライ素材を使って、似た雰囲気のランプを家に置くことにしました。

【 材料 】

ランプソケット　1個
ブロンズ色のアルミワイヤー（2.5mm幅）
　50cm　　1本
　15cm　　1本
　（ランプシェードのサイズによって
　　長さを調整する）
　20cm　　16本
フウセンカズラ　適量　　イイギリ　1本
シダ　　　　　　適量　　コットンフラワー　6個

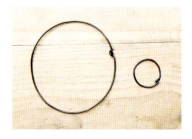

1
50cmと15cmのアルミワイヤーをそれぞれ円形に成型する。両端をペンチで曲げてフックを作り、相互にしっかり引っ掛けて固定する。

2
ランプソケットはサイズが様々なので、小さい円のワイヤーをランプソケットに合わせ、ちょうどいい大きさに調整する。その際にソケットよりひとまわり余裕をもたせておく。

3

形の合う曲線の瓶を使って、16本のアルミワイヤーを曲げていき、ワイヤーの両端をまげて内向きのフックを作る。

4

大小それぞれの円に4本のアルミワイヤーを等間隔で固定する。

5

8等分、16等分の要領でアルミワイヤーを1本1本しっかりと固定していく。

6

出来上がったアルミワイヤーのランプシェードとランプソケットを組み立てる。もしランプシェードの入リ口にランプソケットが入らない場合はランプシェードのアルミワイヤーを少し緩める。

7

フウセンカズラを1本ずつランプシェードに絡ませながら吊り下げる。乾燥すると枝が折れやすいので、新鮮なもの、もしくは完全に乾燥していないものを使用する。

8

シダを1枚ずつ下げて、フウセンカズラの枝に貼る。

9

同じ方法で、イイギリとコットンフラワーをグルーで固定していく。

10

ランプソケットにコードを付けたら出来上がリ。安全のため熱をもたない電球を使用すること。

秋のドライフラワーの
オーナメント

より自然に近いものを作りたいと思い、いっそ花瓶を使うのはやめて、フジのツルを何本か使ってカゴを作り、その中の花は意図的にワイルドにしました。インカゴールドはよりいっそう情熱的に咲き誇り、センダンの実は枝を伸ばして注目を集めようとします。ヤマゴボウは負けまいとその身を伸ばして美しい姿を見てもらおうとし、秋が到来しているというのに、サンキライは緑の実が残る枝をゆらゆら揺らして、誰かを誘っているかのようです。

【 材料 】

ハス	1個	サンキライ（実が緑色で葉が付いているもの）	2本
インカゴールド	8～10個	タイワンフウ	2個
ヤマゴボウ	適量	アジサイ	小ぶりなものを1～2本
ニゲラ	3本	新鮮なツル	2～3本
ラグラス	6本	モス	適量
ベニバナ	2本	フローラルフォーム	1個
センダンの実	小1束		

1
ツルで同じサイズの円を3つ作る。きれいな円にする必要はなく、本来の自然の姿を残すようにする。

2
3つの円を等間隔の距離で交差させ、交差するところをワイヤーでしっかりと固定する。ツルが動かないように少量のグルーで補強する。

3
フローラルフォームをツルで作ったカゴの底部分にしっかりと貼り付け、一面にモスを広げてから、U字に曲げたワイヤーで固定する。

4
まず、ハスの位置を決めて挿す。ハスの茎は太く、フローラルフォームの中で動きやすいため、多めのグルーで固定する。

5
頭の中でニゲラ、ベニバナ、ラグラスの位置を思い描き、残った場所に高さを変えながらインカゴールドを挿す。

6
サンキライを1本取り、長さを残して、長い線の流れを出す。

7
ラグラスはフローラテープで小さな束にまとめてから挿し、ベニバナ、ニゲラ、アジサイ、タイワンフウ、センダンの実を順番に加えていく。

8
ヤマゴボウと残りのサンキライで隙間を埋めて完成。

Demonstration | 手作りの実例

踊り子が舞う秋のキャンドルスタンド

キャンドルスタンドの上で誰もがつま先立ちで脚を高く上げ、手を上げ、身をひるがえし、秋の協奏曲に合わせて優雅に舞っています。これまで木の実が1番のダンサーだと思っていたのですが、ギンネムだけでなく、それぞれが美しく、独特のスタイルがとても魅力的です。キャンドルを灯すと、秋の踊り子たちはよりにぎやかに踊ります。

[材 料]

ハス	1個	オナモミ	2〜3本
フィリカ	小8本	新鮮な細いツル	2本
ツルウメモドキ	少量	フローラルフォーム（2 × 2.5cm）	1個
ゲットウ	数個	背の高いキャンドルスタンド	1個
ギンネム	約12本		

1
キャンドルスタンドの燭台の面の大きさに合わせてミニサイズのフジのツルのリースを作る。

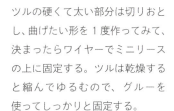

2
ツルの硬くて太い部分は切りおとし、曲げたい形を1度作ってみて、決まったらワイヤーでミニリースの上に固定する。ツルは乾燥すると縮んでゆるむので、グルーを使ってしっかりと固定する。

3
大きなツルでおおよその形を作った後、細いツルを使って細かい曲線を作る。

4
中心から右寄りにフローラルフォームを固定し、ハスの茎にやや多めのグルーをつけてしっかりと留める。

5
ハスの周り4面にギンネムを加えて動きを出し、高低差を付けてフィリカを挿す。

6
ゲットウ、オナモミ、ツルウメモドキを加える。ゲットウの長さが足りない場合は番手#22のワイヤーを使って足す（作り方はp.120）。

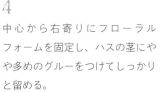

7
最後に、オナモミで線の動きを出して完成。ドライの花材は燃えやすいので、ロウソクは必ず目の前に置いて使用すること。

Demonstration | 手作りの実例

秋の暖かなキャンドルオーナメント

秋の実は真っ赤、明るいオレンジ色、黄金色などとても美しい色が多く、同時に暖かみも備えています。この後に来る寒い冬に備えてロウソクに火を灯し、暖色のオーナメントをながめながら冬を過ごせますように。大自然の暖かな息づかいが感じられます。

[材料]

太く硬い枝	多めに1束	ジェイドパール	8本
サンキライ	長い枝を2本	観賞用トウモロコシ	10個
イタドリ	適量	チランジア	1株
ツルウメモドキ	適量	割れたテラコッタの鉢 (直径約3.8cm)	4個
ホオズキ	8個		
ルブラム	6本		

1
土台になる太い枝を 15cm 幅、長さ 60cm 以内になるように並べ、グルーでしっかり固定する。その上へ更に枝を積み上げていく。

2
枝本来のカーブを利用して高さと自然にできる隙間を作り出し、少しずつ積み上げて固定していく。仕上がりの高さは 10～12cm 以内にする。

3
テラコッタの鉢は白い塗料をペイントし、内側の面に 1～2 片を並べてキャンドルが置きやすいようにする。割れたテラコッタの鉢がなければ、ペンチでねじって割れ目を作り、ゆっくりとかけらにしていく。

4
土台の枝に鉢を置き、グルーでしっかりと接着する。

5
枝の長いサンキライを土台の両側に挿して線を強調し、次々に挿していく。

6
ふわっとした見た目を作るイタドリを挿す。多すぎないように小分けにして使ってもよい。

7
ホオズキと観賞用トウモロコシを加える。トウモロコシの色が多様なので、角度を変えながら色が 1 番よく見えるところに配置する。

8
ルブラムとジェイドパール、ツルウメモドキを加え、作品に質感と色のバラエティを持たせる。

9
チランジアはより視覚的な効果が得られる場所に配置する。もしチランジアが大きすぎる場合は、いくつかに割って、分けて接着してもよい。ドライフラワーは燃えやすいので、ロウソクは必ず目の前に置いて使用すること。

Demonstration | 手作りの実例

初夏のスワッグ

濃い緑、薄い緑の中に、トルコキキョウの優しく柔らかな黄色、アジサイの清楚な淡いブルーが織り交ざり、まるでうららかな春の日のようです。心地よい日差しの中でくつろいでいたら、クラスペディアの明るい輝きが目に飛び込んできて、夏はもうそこまで来ていると気づかされるのです。

【材料】

トルコキキョウ	3本	ハラン	5枚
クラスペディア	5本	アジサイ	適量
ミヤマシキミ	1束	ラフィア	適量
ユーカリの葉	適量		

1
トルコキキョウはワイヤーで長さを足す（作り方は p.120）。ハラン 3 枚は折り曲げた形でフローラテープで固定し、その他の花材も準備しておく。

2
ユーカリの葉とミヤマシキミを束ね、スワッグのベースにする。

3
長さの異なるクラスペディアをスワッグの中心に近いところに置く。外側に置きすぎると目線が散ってしまうので避ける。

4
手でまとめているところにメインとなるトルコキキョウを挿し、花が押しつぶされないようにワイヤーの角度を調整する。その周りに適度な空間を残しながらアジサイを足す。

5
ハランを 2 枚、スワッグのベースに足した後、折り曲げたハラン 3 枚を、手でまとめているところに足す。

6
ワイヤーで縛って固定し、更に吊るすための輪を作った後、花束の端を切りそろえ、最後に麻ひもで装飾する。

冬の中に見つけた
春のスワッグ

白い綿毛に覆われたシルバーサワギクやラムズイヤーは、まるで冬に雪が降り積もるように、優しく大地を覆っていきます。アカシアやクラスペディアの鮮やかな黄色はこの一面の純白の世界の中にさす、暖かな陽の光、もしくは春に芽吹く新たな生命を表す希望の色のようです。これもまたロマンチックですね！

【材料】

コットン	1個	アカシア	2本
シルバーデージー	5本	シルバーサワギク	適量
クラスペディア	3本	ラムズイヤー	適量
カイザイク	小1束	リボン	1本

1
シルバーサワギクとラムズイヤーを束ねて、スワッグのベースにする。

2
スワッグの片側にアカシア、反対側にカイザイクを加える。

3
スワッグの中段のカイザイクの側にクラスペディアを足す。

4
手でまとめているところの上の方にシルバーデージーとコットンを挿し、その周りに枝の短いシルバーサワギクを足す。

5
ワイヤーで縛って固定し、更に吊るす用の輪を作った後、束の端を切りそろえ、最後にリボンを付けたら完成。

Chapter 4

基本と道具

乾燥の仕方やアレンジメントに必要な用具、基本のテクニックをまとめました。後半はQ&A形式でよくある疑問に答えます。

Basic Skills & Tools | 基本と道具

花材の乾燥方法

一般的な乾燥には自然に乾燥させる方法、または乾燥剤の使用、乾燥機や電子レンジなどの機器を使って手早く乾燥させる方法などがあります。風で乾かす方法は簡単で、自然に近く環境にも良い方法ですので、わたしはこの方法をもっともよく使用します。自然乾燥には、逆さに吊るす（ハンギング法）、平置きにする、立てておくという方法があります。使用する花材の特徴にあった最適な方法を採用するのが良いでしょう。

ハンギング法

もっとも一般的な自然乾燥の方法で、大部分の花材に使用できます。
1. 花弁や葉の傷んでいる部分を取り除き、余分な枝葉も取り除いておきます。
2. 必要な長さに切りそろえた後、小さな束にします。花材は水分が失われるにつれて縮むので、抜け落ちるのを防ぐためゴム製のバンドを用います。
3. 風通しの良いところに吊るして自然乾燥させます。

立てておく

直接瓶などに挿して乾燥させる方法で、水分量が少ない、モロコシ、小麦、ナンキンハゼなど、茎が硬くしっかりとしている花材や、木の実が枝に付いた状態の花材に適しています。ドライフラワーにする間に鑑賞して楽しむこともできます。

平置きにする

花材を直接網のラックや浅いトレイに平たく並べて乾燥させる方法です。ムギワラギクの花や、散歩の途中で拾い集めた葉や木の実など、茎のない花材や葉物に適した乾燥方法です。

乾燥剤を使う方法

一般的に水分が多い花材はドライにすると変色しやすかったり、形も変形してしまったりと、自然乾燥に向いていないとされています。このような場合は、乾燥剤の中に花を埋め、乾燥剤に花材の湿気を吸わせて徐々に乾燥させます。

STEP 1
茎を0.5mm～1cm残して花の頭を落とす。密閉容器に乾燥剤を入れ、花が上を向くように挿して入れる。

STEP 2
花弁の隙間を埋めるように花びら1枚1枚にていねいに乾燥剤をかけていく。

STEP 3
花が全て埋まるまで乾燥剤を投入する。密閉したら蓋の上に日付を書いておくと良い。

- 乾燥剤を使用した後は花材が脆くなっているので、取り出す時には十分注意する。先に乾燥剤の一部をそっと取り出し、ピンセットを乾燥剤の中に深く入れて花の茎をはさむ。乾燥剤を落としながら、ゆっくりと取り出す。
- この方法でドライフラワーにした花材は、鮮やかな色を保存できる一方、湿気により柔らかくなったり色褪せたりしやすいので、できるだけ乾燥した場所で保存すると良い。
- ドライフラワー専用の乾燥剤を使用するのがもっとも良いが、もし手に入らない場合は、一般的な乾燥剤を使用してもドライフラワーにすることは可能。

Basic Skills & Tools | 基本と道具

よく使う道具と材料

よく使う道具

① **グルーガン**：　プラスティックグルーを電気で加熱し、ベースに花材を接着する。

② **ニッパ**：　太めのワイヤーを切る際に使用。

③ **花バサミ**：　ワイヤー切断ノッチ付きの花バサミは、花材だけでなく細めのワイヤーも切ることができて便利。

④ **ピンセット**：　細部の処理に使用。スムーズに作業するために、先が尖ったものや丸いものを使用する。

⑤ **包丁**：　フローラルフォームを切ったり削ったりする際に使用。一般的な調理用包丁など。

⑥ **園芸バサミ**：　硬くて太い枝や葉物を切断する際に使う。力を入れやすく、切断面もスムーズ。

よく使う材料

① **麻ひも**： 麻ひもの素朴な質感はドライフラワーに近く、リースを吊るすひもや飾りにぴったり。

② **ラフィア**： 一般には飾りとして使用する。市販されているものは天然素材のものと紙製のものの2種類あり、天然素材は太いものも細いものもあり、柔軟性があって切れにくいので扱いやすい。

③ **フローラテープ**： 花材を束ねたり、ワイヤーを覆う際に使う。様々な色がある。

④ **クラフトアルミワイヤー**： 枝や茎を固定したり、花の形を保つために使用する。様々な太さや色がある。

⑤ **フローラルフォーム**： 花材を留めつけるためのベース。フローラルフォーム以外に水分を吸収するタイプのベースもあるが、ドライフラワーには向かない。用途に合わせて使用する。

⑥ **ワイヤー**： 花材の加工や束ねる際に使用。太いものから細いものまで各種あり、番手の数が小さいものの方が太い。番手 #22 より細いワイヤーが良く使われる。

⑦ **リース**： フラワーリースのベース。よく見かけるのはブドウのツルやフジのツルなどを使ったもの。必要に応じて作りたいサイズにする。

Basic Skills & Tools | 基本と道具

基本テクニック

フラワーリースのベースを作る

ドライフラワーのリースのベースには、フジのツルとブドウのツルの2種類がよく使われます。園芸店などではドライフラワーになったリースが手に入りますし、自分で採取したりして新鮮なフジのツルを加工することもできます。ただし、乾燥すると硬くなって曲げた時に折れやすくなるため、柔らかい状態で成形してください。ツルによって味わいが異なるので、どんな作品にしたいか考えてから選びましょう。ツルが入手できないようなら、太めのワイヤーや紙製のものを代用してもかまいません。

STEP 1
ツルをゆっくりと弓なりに曲げる。折れないよう、力を入れすぎないように注意する。

STEP 2
ツルを必要な大きさまで曲げたら交差させる。両側に飛び出した枝を巻きつけていき、ツルの先は隙間に入れて固定する。

STEP 3
2本目のツルの先端をツルの間に挿し、もう片方の先端を1本目のツルに沿って巻き付けていく。

STEP 4
2周したら、同様にして更にツルを巻いていき、必要な大きさにする。

花材の加工方法

ドライフラワーの花材には、水分が失われると茎が細く柔らかくなる花材や、マツカサやコットンフラワーのように、元々茎のない、もしくは茎の短い花材があります。それらはワイヤーで長さや強度を補強して使いやすくします。以下はよく用いられる花材の加工方法です。

細い茎・柔らかい茎の花材

STEP 1
ワイヤーの番手#22か#24を1本、茎と揃える。

STEP 2
フローラテープを茎の根元に斜めに置き、上から下に螺旋状に巻いていき、ワイヤーと茎を覆う。巻き付ける前にテープを伸ばすことで粘着性が高まる。

短い茎の花材

STEP 1
ワイヤーの番手#22をアジサイの小枝の茎の真ん中に通す。

STEP 2
ワイヤーの両端を下に向けて曲げ、そのうちの1本を茎ともう片方のワイヤーに2,3回きつめに巻き付けてからまっすぐにし、フローラテープでしっかり包む。

茎のない花材

STEP 1
ワイヤーの番手#22を用意し、花托に挿す。もし花托が小さすぎて挿せない場合は花托の上のほうに挿す。

STEP 2
ワイヤーを下に向けて2つに折り、フローラテープでしっかり包む。茎のない花材の多くは脆いので、ワイヤーを花托に巻くと花が落ちてしまうため、巻き付ける必要はない。

マツカサ

STEP 1
ワイヤー番手#22を用意し、マツカサの根元に近い部分に水平に巻き付ける。

STEP 2
1周半させたワイヤーの両端を、マツカサの頭の部分から出すようにして、2本をねじり合わせる。

Q&A
乾燥・保存のポイント

Q1 ▶ 全ての花材がドライフラワーになりますか?

どんな花材でもドライに適しているわけではありません。一般的には水分が多すぎる花材、たとえば、ユリ、コチョウランなどはドライフラワーには向いていないとされています。しかし、バラ、トルコキキョウ、カーネーションなどは乾燥剤を使用することでドライフラワーにすることができます。花だけに限らず、葉ものや木の実もとても優れた材料になります。

Q2 ▶ 購入した花を花瓶に挿して、しばらく鑑賞した後にドライフラワーにしても大丈夫ですか?

新鮮な花材を乾燥させるほうが、花の形、色がもっとも良い状態でドライフラワーにすることができます。鮮度の落ちた花材を使うと、茶色くまだらにシミができたり、乾燥後の効果があまり良くありません。花材を買って来たらすぐに乾燥させることをおすすめします。

121

Q3 どのような環境がドライフラワーに適していますか？乾燥させる時にはどのようなことに注意すべきですか？

風に当てて自然に乾燥させる際は、風通しが良い場所を選び、直射日光を避け、雨風の当たる場所や暗く湿気の多い場所を避けます。梅雨や台風の季節は湿度が高いので、花材にカビが生えやすかったり、乾燥後の色も黒く変化しやすかったりするため、雨が続く時には花材の乾燥は避けましょう。花材の表面の水分が多すぎる時は、先に扇風機で表面の水分を飛ばしてからドライの工程に進むと、乾燥後の効果が更に良くなります。

Q4 花材はどれぐらいの時間乾燥させると完全に乾燥しますか？

花材によって、風に当てて自然に乾燥するまでの時間は異なりますし、また環境や天気によっても差が出ます。基本的には大体2〜4週間で完全なドライフラワーにすることができるでしょう。

Q5 ドライフラワーになった花材は色褪せませんか？どれぐらい日持ちしますか？

天然素材のため、時間の経過とともに徐々に変化します。また花材の種類や置いている環境によっても寿命は異なります。木の実などは数年持ちますし、エキノプス、ムギワラギク、クラスペディアなどはわずか半年で崩れ始めるものもあります。環境が良ければ、一般的には1〜2年はもちます。

Q6 ドライフラワーや作品はどのように保存したら良いですか？

特に注意しなければいけないのは換気です。直射日光が当たる場所や、暗く湿気の多い場所など、高温多湿の環境を避けて保存します。湿気が多く何日も雨が続く時は、できれば除湿器で除湿を行います。ドライフラワーは弱く脆いので、できるだけ触ったり、動かしたり、揺らしたりしないようにし、落下や破損を防ぎましょう。

Q7 ドライフラワーが汚れたり、カビが生えたりしたら、どのように手入れをしたら良いですか？

もし花材の上にちりやほこりが積もったら、軽く叩いて払うか、小さな刷毛を使って払い落とします。もしくはドライヤーを低温モードにして吹き飛ばす方法もあります。不幸にもカビが発生してしまったら、高濃度のアルコールを軽く噴霧してカビを取り除くか、木の実や色が褪せない花材であれば高濃度のアルコールを軽くスプレーした後、日光にさらして殺菌しましょう。

Kristen（クリステン）

森に魅了され、自然をこよなく愛するKristenの作品は、自然の息づかいをいかしたナチュラルスタイルと呼ばれる作風を軸に、材料や配色に独特の創造性と美的感覚を取り入れて作られている。日々の生活でも創造力を大切にしており、草花がもつ自然な姿形や本来の美しさをそれぞれの作品で表現。常に学び、創作し、人々とシェアしていくことに意欲的で、現在はGreen Barn Cottageというアトリエを通じてドライフラワーアートを体系的に伝えることに情熱を注いでいる。メディアや生徒だけでなく、地域・文化を越えて海外のハンドメイド愛好家も訪れるほど、アトリエのコースは常に満席という人気ぶり。また、フラワーデザインの著書は本の売れ筋ランキング上位で、趣味実用系書籍の定番となっている。

Kristenが贈る

ドライフラワーでつくるアレンジメントシリーズ第1作

ドライフラワーでつくる
大人可愛い

季節のリースとアレンジメント

Kristen◉著

定価：本体1300円+税
ISBN978-4-528-02057-3
日東書院本社

シック＆アンティークな季節のアレンジメントが満載の第1作。ドライフラワーに適した20種類以上の植物を季節に沿ってご紹介。初めてでも大丈夫、いつもの日常を特別にする、季節感あふれるリースや小物の作り方を掲載しています。

緑色穀倉的乾燥花草時光手作集

© KRISTEN 2015

Originally published in Taiwan in 2015 by Elegant Books Cultural
Enterprise Co., Ltd.,

Japanese translation rights arranged with Elegant Books Cultural
Enterprise Co., Ltd.,

through KEIO CULTURAL ENTERPRISE CO., LTD. and TOHAN
CORPORATION, TOKYO.

STAFF

總 編 輯	蔡麗玲		監 修	寺井通浩
執行編輯	劉蕙寧			(karanara no ki)
執行美編	李盈儀		翻訳協力	岡本 愛
攝 影	數位美學賴光煜		編 集	坂本久恵
	Kristen			(Ça va Poco, Inc.)
			デザイン	藤田知子
			Ｄ Ｔ Ｐ	アレピエ
			進 行	植竹希未

ドライフラワーでつくる

リースとスワッグ インテリアのアレンジメント

2017 年 11 月 10 日　初版第 1 刷発行

著 者	Kristen
発 行 人	穂谷竹俊
発 行 所	株式会社日東書院本社
	〒 160-0022　東京都新宿区新宿 2-15-14 辰巳ビル
	電話 03-5360-7522（代表）
	FAX 03-5360-8951（販売部）
	http://www.TG-NET.co.jp
印 刷 所	図書印刷株式会社
製 本 所	株式会社宮本製本所

本書へのご感想をお寄せ下さい。また、内容に関するお問い合わせは、
お手紙かメール（otayori@tatsumi-publishing.co.jp）にて承ります。
恐縮ですが、電話でのお問い合わせはご遠慮下さい。
本書の無断複製（コピー）は、著作権上の例外を除き、著作権侵害となります。
落丁・乱丁本はお取り替えいたします。小社販売部までご連絡下さい。

日本語版 © Nitto Shoin Honsha Co., Ltd. 2017
ISBN978-4-528-02181-5　C2077
Printed in Japan